"The best way to predict the future is to create it"

Week of:

Mon
- ......
- ......
- ......
- ......
- ......

Tue
- ......
- ......
- ......
- ......
- ......

Wed
- ......
- ......
- ......
- ......
- ......

Thu
- ......
- ......
- ......
- ......
- ......

Fri
- ......
- ......
- ......
- ......
- ......

Sat
- ......
- ......
- ......
- ......

Sun
- ......
- ......
- ......
- ......

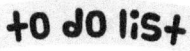

♥ Week of:

Mon

Tue

Wed

Thu

Fri

Sat

Sun

Week of:

Mon
-
-
-
-
-

Tue
-
-
-
-
-

Wed
-
-
-
-
-

Thu
-
-
-
-
-

Fri
-
-
-
-
-

Sat
-
-
-
-
-

Sun
-
-
-
-

-
-
-
-
-
-
-
-
-
-
-
-
-
-
-
-

Week of:

Mon

Tue

Wed

Thu

Fri

Sat

Sun

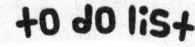

to do list

♥ Week of:

MON

TUE

WED

THU

FRI

SAT

SUN

Week of:

Mon

Tue

Wed

Thu

Fri

Sat

Sun

Week of:

Mon

Tue

Wed

Thu

Fri

Sat

Sun

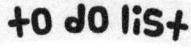

Week of:

Mon
- ....
- ....
- ....
- ....
- ....

Tue
- ....
- ....
- ....
- ....
- ....

Wed
- ....
- ....
- ....
- ....
- ....

Thu
- ....
- ....
- ....
- ....
- ....

Fri
- ....
- ....
- ....
- ....
- ....

Sat
- ....
- ....
- ....
- ....
- ....

Sun
- ....
- ....
- ....
- ....
- ....

Week of:

Mon

Tue

Wed

Thu

Fri

Sat

Sun

Week of:

Mon

Tue

Wed

Thu

Fri

Sat

Sun

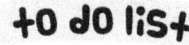

 **Week of:**

MON

TUE

WED

THU

FRI

SAT

SUN

Week of:

Mon

Tue

Wed

Thu

Fri

Sat

Sun

Week of:

Mon

Tue

Wed

Thu

Fri

Sat

Sun

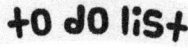

♥ Week of:

Mon

Tue

Wed

Thu

Fri

Sat

Sun

Week of:

Mon
-
-
-
-
-

Tue
-
-
-
-
-

Wed
-
-
-
-
-

Thu
-
-
-
-
-

Fri
-
-
-
-
-

Sat
-
-
-
-

Sun
-
-
-
-

Week of:

Mon

Tue

Wed

Thu

Fri

Sat

Sun

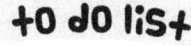

♥ Week of:

Mon

Tue

Wed

Thu

Fri

Sat

Sun

Week of:

Mon

Tue

Wed

Thu

Fri

Sat

Sun

Week of:

Mon

Tue

Wed

Thu

Fri

Sat

Sun

to do list

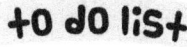

Week of:

Mon

Tue

Wed

Thu

Fri

Sat

Sun

Week of:

Mon

Tue

Wed

Thu

Fri

Sat

Sun

Week of:

Mon

Tue

Wed

Thu

Fri

Sat

Sun

Week of:

MON

TUE

WED

THU

FRI

SAT

SUN

Week of:

Mon

Tue

Wed

Thu

Fri

Sat

Sun

Week of:

Mon

Tue

Wed

Thu

Fri

Sat

Sun

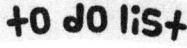 to do list

♥ Week of:

MON

TUE

WED

THU

FRI

SAT

SUN

Week of:

Mon

Tue

Wed

Thu

Fri

Sat

Sun

Week of:

Mon
- ....
- ....
- ....
- ....
- ....

Tue
- ....
- ....
- ....
- ....
- ....

Wed
- ....
- ....
- ....
- ....
- ....

Thu
- ....
- ....
- ....
- ....
- ....

Fri
- ....
- ....
- ....
- ....
- ....

Sat
- ....
- ....
- ....
- ....
- ....

Sun
- ....
- ....
- ....
- ....
- ....

to do list

♥ Week of:

Mon

Tue

Wed

Thu

Fri

Sat

Sun

to do list

Week of:

Mon

Tue

Wed

Thu

Fri

Sat

Sun

Week of:

Mon

Tue

Wed

Thu

Fri

Sat

Sun

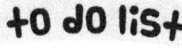 to do list

♥ Week of:

Mon

Tue

Wed

Thu

Fri

Sat
Sun

to do list

Week of:

Mon

Tue

Wed

Thu

Fri

Sat

Sun

Week of:

Mon

Tue

Wed

Thu

Fri

Sat

Sun

to do list

♥ Week of:

Mon

Tue

Wed

Thu

Fri

Sat | ### Sun

Week of:

Mon

Tue

Wed

Thu

Fri

Sat

Sun

Week of:

Mon

Tue

Wed

Thu

Fri

Sat

Sun

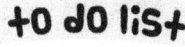 

to do list

♥ Week of:

Mon

Tue

Wed

Thu

Fri

Sat

Sun

to do list

Week of:

Mon
-
-
-
-
-

Tue
-
-
-
-
-

Wed
-
-
-
-
-

Thu
-
-
-
-
-

Fri
-
-
-
-
-

Sat
-
-
-
-
-

Sun
-
-
-
-
-

-
-
-
-
-
-
-
-
-
-
-
-
-
-
-
-

Week of:

Mon

Tue

Wed

Thu

Fri

Sat

Sun

to do list

♥ Week of:

Mon

Tue

Wed

Thu

Fri

Sat

Sun

Week of:

Mon

Tue

Wed

Thu

Fri

Sat

Sun

to do list

Week of:

Mon
-
-
-
-

Tue
-
-
-
-
-

Wed
-
-
-
-
-

Thu
-
-
-
-
-

Fri
-
-
-
-
-

Sat
-
-
-
-
-

Sun
-
-
-
-

to do list

♥ Week of:

MON

TUE

WED

THU

FRI

SAT

SUN

Week of:

Mon

Tue

Wed

Thu

Fri

Sat

Sun

Week of:

Mon

Tue

Wed

Thu

Fri

Sat

Sun

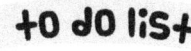

to do list

- _____
- _____
- _____
- _____
- _____
- _____
- _____
- _____
- _____
- _____
- _____
- _____
- _____
- _____
- _____
- _____

♥ Week of:

to do list

-
-
-
-
-
-
-
-
-
-
-
-
-
-
-
-

Week of:

Mon

Tue

Wed

Thu

Fri

Sat

Sun

Week of:

Mon

Tue

Wed

Thu

Fri

Sat

Sun

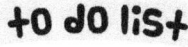

♥ Week of:

Mon

Tue

Wed

Thu

Fri

Sat

Sun

Week of:

Mon

Tue

Wed

Thu

Fri

Sat

Sun

Week of:

Mon
-
-
-
-
-

Tue
-
-
-
-
-

Wed
-
-
-
-
-

Thu
-
-
-
-
-

Fri
-
-
-
-
-

Sat
-
-
-
-
-

Sun
-
-
-
-
-

to do list

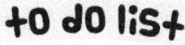

IF YOU DO
WHAT YOU ALWAYS DID,
YOU WILL GET
WHAT YOU ALWAYS GOT.

Made in United States
North Haven, CT
20 October 2023

42981467R00070